AF242813

NOTICE BIOGRAPHIQUE

SUR LE COMTE

MARIE-JOSEPH-EMMANUEL-AUGUSTE-DIEUDONNÉ

DE LAS-CASES

par P. L., avocat

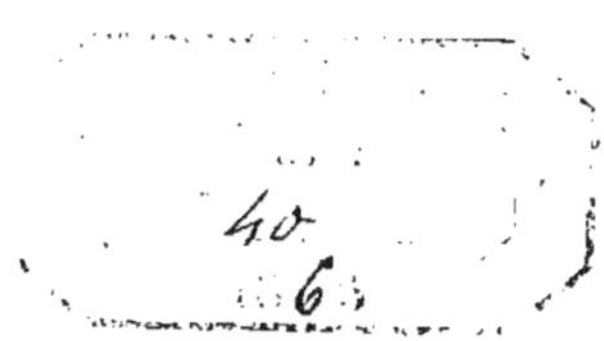

LAVAUR

IMPRIMERIE DE VIDAL MARIUS

1865

LE COMTE DE LAS-CASES

Le comte Emmanuel-Dieudonné de Las-Cases, dont la ville et l'arrondissement de Lavaur honorent aujourd'hui la mémoire, naquit à Blan, canton de Puylaurens, le 1er juin 1766. Il descendait d'une illustre famille espagnole qui comptait parmi ses ancêtres Fray-Barthélemy de Las-Casas, le vaillant et intrépide évêque de Chiappa, l'ardent défenseur des idées humanitaires en faveur des Indiens du Nouveau-Monde, au lendemain de sa découverte. Il fit d'excellentes études chez les Oratoriens de Vendôme; mais entraîné, par son penchant naturel, vers la marine, il entra, bien jeune encore, à l'école spéciale militaire de Paris où ses heureuses facultés, son amour pour le travail lui méritèrent, à l'âge de quinze ans, le grade d'aspirant. Il prit part aussitôt au siége infructueux de Gibraltar, siége mémorable qui dura trois ans, de 1779 à 1783, et qui coûta aux puissances belligérantes la somme énorme de 300 millions.

Dans le but de compléter son instruction, le comte de Las-Cases, au retour de cette campagne, entreprit de grands voyages transatlantiques. Il parcourut successivement les États-Unis, le Canada, les Antilles; puis se retournant vers l'Afrique, se rendit à l'Ile-de-France, aujourd'hui colonie anglaise, mais qui, par ses aspirations, est restée si éminemment française, et de là rentra en France, après avoir tenté quelques aventureuses explorations au Sénégal. Il atteignait alors sa vingt-unième année.

Il profita de sa rentrée à Paris pour y subir un examen dans lequel il se fit remarquer du célèbre mathématicien Monge. A la suite de ce brillant examen, il fut nommé lieutenant de vaisseau, et envoyé en cette qualité à Saint-Domingue, d'où il ne tarda

pas à être rappelé pour prendre part à l'expédition scientifique de La Pérouse, dont
tout le monde connaît le fatal dénouement.
Des retards tout-à-fait providentiels ne per-
mirent pas au jeune lieutenant d'être rendu
à Brest avant le départ de l'escadre, et lui
évitèrent ainsi de partager la destinée de cet
infortuné navigateur.

Appelé au commandement du brick, LE
MATIN, des circonstances analogues le préser-
vèrent d'une mort certaine. Ce navire, à des-
tination du Sénégal, profitant d'un temps
favorable, appareilla sans attendre son commandant, et, comme le malheureux ATLAS en
1863, il sombra en pleine mer, sans laisser
aucune trace de sa disparition.

La révolution éclate. Le comte de Las-
Cases reste au service de son pays, jusques
en 1791, mais à cette époque, entraîné par
de nobles préjugés, résultat de l'éducation
qu'il avait reçue, aussi bien que par l'exemple de la plupart des officiers des armées de
terre et de mer, qu'effrayait la marche des
événements, il émigre à Coblentz et entre
dans les rangs de l'armée de Condé.

Cette petite armée d'émigrés ayant opéré plus tard une descente à Quibcron, le comte de Las-Cases fut assez heureux pour ne pas y débarquer : « Je pus réfléchir au retour, » dit-il, « sur l'horrible situation de combat-
». tre sa patrie sous des bannières étrangè-
» res, et dès cet instant, mes idées, mes
» principes, mes projets furent ébranlés,
» altérés ou changés, » Il se réfugia en Angleterre, où privé de son patrimoine, dépourvu par conséquent de toute ressource, il se livra avec ardeur à des études sérieuses, refit son éducation en essayant sous un nom d'emprunt de travailler à celle des autres.

Les occupations incessantes de son esprit ne pouvaient cependant lui faire oublier sa patrie. Il avait toujours les yeux tournés vers la France qu'il chérissait de toute son âme. Il appelait de tous ses vœux des événements qui lui en rouvrissent les portes. Ses vœux furent enfin exaucés par l'amnistie du premier consul qui suivit le traité d'Amiens. Il s'empressa d'en profiter pour rentrer à Paris.

Bientôt après, Napoléon devenu empereur, rétablissait le principe monarchique.

« Alors, » écrit le comte de Las-Cases, avec la délicatesse de sentiments qui se fait remarquer dans tous ses écrits et dans tous ses actes, « ma situation, mes pensées furent
» étranges; je me trouvais soldat puni d'une
» cause qui triomphait. Chaque jour on en
» revenait à nos anciennes idées: tout ce
» qui avait été cher à nos principes, à nos
» préjugés se rétablissait, et pourtant la dé-
» licatesse et l'honneur nous faisaient une
» espèce de devoir d'en demeurer éloignés.
» En vain le nouveau gouvernement avait-
» il proclamé hautement la fusion de tous
» les partis, en vain son chef avait-il consa-
» cré ne vouloir plus connaître en France
» que des Français; en vain d'anciens amis,
» d'anciens camarades, m'offraient-ils les
» avantages d'une nouvelle carrière à mon
» choix; ne pouvant venir à bout de vain-
» cre la discordance intérieure dont je me
» sentais tourmenté, je me condamnai
» obstinément à l'abnégation, je me réfugiai
» dans le travail, je composai, et toujours
» sous un nom emprunté, un ouvrage histo-

» rique qui refit ma fortune, et alors s'écou-
» lèrent les cinq ou six années les plus heu-
» reuses de ma vie. »

C'est en effet à cette période de sa vie que
le comte de Las-Cases publia, du sein de
l'obscurité, sous le pseudonyme de Lesage,
son ATLAS HISTORIQUE, recueil de tableaux sy-
noptiques d'un grand mérite, d'une grande
portée et d'une utilité pratique telle que Napoléon à Sainte-Hélène regrettait de ne pas
en avoir fait au temps de son règne LA PATURE
des Lycées. Cet ouvrage fut du reste si juste-
ment apprécié des contemporains que non-
seulement il rendit une fortune à son auteur,
mais qu'il lui fit aussi un nom dans le monde
savant.

Cœur véritablement patriote, le comte de
Las-Cases ne pouvait rester longtemps insen-
sible à toutes les gloires dont Napoléon com-
blait alors la France. Le pays n'avait jamais
été plus calme et plus florissant à l'intérieur,
plus grand et plus glorieux à l'extérieur. Au
dedans : l'ordre rétabli, l'industrie renais-
sant sur toute la surface de l'Empire, une
administration remarquable par sa puissante

organisation, les principes de la révolution reconnus et consacrés dans les codes. Au dehors : une armée incomparable accomplissant des prodiges de valeur, d'éclatantes victoires, des peuples délivrés du joug de leurs oppresseurs, nos frontières sans cesse reculées. Partout des monuments proclamaient nos inombrables exploits de Marengo, d'Austerlitz, d'Iéna, de Friedland etc. La France en était arrivée à un degré de puissance et de grandeur inconnues dans l'histoire d'aucun peuple.

La vue de tant de trophées, le spectacle de tant de merveilles finirent par émouvoir le comte de Las-Cases au point de lui inspirer une admiration sans bornes pour le génie, auteur d'une si complète et si remarquable transformation. Sans regretter et sans renier le dévouement qu'il avait porté à ses anciens maîtres, oubliés de la France entière, il comprit qu'il se devait avant tout à son pays, et qu'il ne pouvait le mieux servir qu'en s'attachant à l'homme que la France avait placé à sa tête, à celui qui dirigeait si glorieusement ses destinées. Il sollicita alors son admission dans les rangs de la grande armée administrative de l'empire et le résultat de ses premières démarches fut son entrée à la cour.

A quelque temps de là, en 1809, les Anglais allèrent mettre le siége devant Flessingue, dont la prise d'Anvers nécessitait la chute. Cette ville, située dans l'île de Walcheren aux bouches de l'Escaut, ne possédait pour toute garnison que quelques dépôts de régiments, sous le commandement du général Fauconnet. A cette nouvelle, un corps de braves volontaires se forme aussitôt et vole à la défense de la place. Le comte de Las-Cases dont le dévouement à la patrie ne peut plus rester inactif, a l'honneur de faire partie de cette expédition qui se termine par un nouvel échec infligé à l'orgueil Britannique.

Frappé de cet acte de dévouement, l'Empereur rappelle l'intrépide volontaire et le récompense de sa bravoure par une place de maître des requêtes.

En 1810, Napoléon épouse l'archiduchesse Marie-Louise et à l'occasion de ce mariage, le comte de Las-Cases est nommé chambellan, pour être ensuite honoré. en France , et en Europe de missions délicates et toutes de confiance. C'est ainsi qu'il est envoyé en Hollande, au moment de sa réunion, pour y recevoir les objets relatifs à la marine, en Illyrie, pour y liquider la dette publique, et dans la moitié de l'Empire pour inspecter les établissements de bienfaisance. Le tact, l'intelligence, la sagacité déployés dans ces diverses missions par le comte de Las-Cases lui méritèrent l'estime de tous et surtout la faveur du maître.

Cependant de graves événements approchaient. Le soleil resplendissant qui luisait depuis si longtemps sur le monde ébloui allait s'obscurcir, les nuages s'amoncelaient à l'horizon. Le désastre immense de Moscou présageait une catastrophe prochaine. La malheureuse bataille de Leipsik et le siége de Paris entraînèrent enfin la chute de celui qu'on se figurait devoir être invincible.

Napoléon vaincu par l'Europe coalisée contre lui, abdiqua à Fontainebleau, et immédiatement éclatèrent les défections en masse. Ceux que l'Empereur dans sa toute-puissance

avait le plus comblés de richesses, d'honneurs,
de bienfaits, ceux qu'il avait le plus aimés
l'abandonnèrent les premiers dans le malheur, et coururent se prosterner aux pieds
des Bourbons.

Il faut dire à l'éternelle louange du comte
de Las-Cases qu'il fit exception à la règle
commune : commandant à Paris la 6ᵉ légion
de la garde nationale, il remit, au moment
de la capitulation, ses pouvoirs à son infé-
rieur immédiat; membre du Conseil d'état,
il refusa, rare exemple de fidélité, de signer
avec les autres membres l'acte de déchéance
de l'Empereur. « Devenu français jusqu'au
» fanatisme, » écrit-il dans le MÉMORIAL, « ne
» pouvant supporter la dégradation nationale
» dont au milieu des bayonnettes ennemies
» j'étais chaque jour témoin, j'essayai d'aller
» me distraire au loin des malheurs de la
» patrie. J'allai passer quelques mois en An-
» gleterre. Comme tout m'y parut changé. »
Il l'était aussi beaucoup lui-même. Il n'avait
qu'un mot à dire, en effet, pour reconquérir
les bonnes grâces des princes qu'il avait
suivis en exil, pour rentrer dans la voie des

honneurs, et-ce mot, il refusa chastement de le dire. Ses anciens amis pleins d'estime et d'affection pour lui, le suppliaient de se joindre à eux, les offres les plus brillantes lui étaient faites; découragé, abattu, le cœur navré de tristesse, il repoussa simplement les plus séduisantes avances. Telle se montra la grande âme du comte de Las-Cases au milieu des douloureux événements de 1814.

Un jour cependant l'Aigle impériale reparut tout-à-coup aux Tuileries à la place du Lys. Napoléon venait de rentrer à Paris, après la marche la plus triomphale qui se soit jamais vue, porté dans les bras de tout un peuple. « A ce moment je tressaillis, » dit le comte de Las-Cases, « je crus voir la souillure » étrangère effacée et toute notre gloire » revenue. » Le cœur plein d'espérance et de joie il reprit à la cour le titre de chambellan. Il fut tout aussitôt appelé aux fonctions de Conseiller d'état, choisi pour une mission confidentielle à Londres, laquelle ne manqua que par le refus du cabinet anglais; fait président de la commission des pétitions; enfin porté comme commissaire

impérial pour aller parcourir les départe-
ments.

Convaincues malheureusement que Napoléon serait toujours un obstacle à la pacifi-
cation générale, les puissances européennes
se ruèrent de nouveau sur lui et déterminè-
rent, sur le champ de bataille de Waterloo,
sa chute définitive. Le 20 juin 1815, l'Empereur rentrait vaincu à l'Elysée.

Le comte de Las-Cases accourut un des
premiers se placer à son service. Il fut ainsi
témoin des scènes de la seconde abdication
et des imposantes et patriotiques manifesta-
tions du peuple de Paris qui eurent lieu à
cette occasion aux abords de l'Elysée. Le
25 juin il faisait partie de la suite qui accom-
pagna l'Empereur à la Malmaison, et ce
même jour, malgré de puissantes considéra-
tion de famille, il sollicitait l'honneur de ne
plus se séparer de lui.

Cette demande parut étonner Napoléon
qui ne connaissait le comte de Las-Cases que
par les divers emplois qu'il avait occupés.
D'autant plus touché, par cela même, de
cette offre d'un dévouement si rare dans son

entourage, il lui permit de le suivre avec son fils à Rochefort où il avait l'intention de s'embarquer pour les Etats-Unis.

Des difficultés invincibles s'étant opposées à la réalisation du projet d'échapper aux croisières anglaises pour se rendre en Amérique, l'Empereur dût se confier aux anglais. Le comte de Las-Cases fut chargé des négociations qui eurent lieu à cet effet avec le capitaine Maitland, commandant du BELLÉROPHON, négociations qui aboutirent à la mémorable lettre par laquelle l'Empereur demanda si noblement l'hospitalité au gouvernement anglais.

On sait comment l'Angleterre répondit à cet appel fait à sa générosité. Le dimanche 29 juillet 1815, lord Keith communiquait à l'Empereur, arrivé en rade de Plymouth, la décision du cabinet anglais : l'île de Ste-Hélène était choisie pour sa résidence, et il lui était enjoint de faire sans délai le choix des trois personnes qui devaient l'accompagner. Cette communication causa la plus vive douleur à ses compagnons d'infortune, qui se virent condamnés, ou à se séparer de lui, ou à aller s'ensevelir vivants à Ste-Hélène.

Placé dans cette cruelle alternative, le comte de Las-Cases n'hésite pas. N'écoutant que la voix de l'honneur et ses généreux instincts, il prie aussitôt l'Empereur de lui permettre de partager sa captivité. A la nouvelle de sa détermination, sa famille, ses amis, tentent immédiatement auprès de lui les démarches les plus actives, les plus pressantes pour le dissuader. Une amie de la comtesse lui adresse même les plus vifs reproches ; elle lui écrit qu'il ne s'appartient pas pour disposer ainsi de lui, que c'est un crime d'abandonner sa femme, ses enfants, etc. Le comte de Las-Cases demeure inébranlable dans sa résolution. « On croit avoir tout dit » écrit-il dans le MÉMORIAL « on a tout justifié
» sitôt qu'on a mis en avant le danger des
» intérêts privés et des jouissances domes-
» tiques ; on ne soupçonne pas que le premier
» devoir envers sa femme est de lui ménager
» une situation honorée, et que le plus riche
» héritage à laisser à ses enfants est l'exem-
» ple de quelques vertus et un nom qui se
» rattache à un peu de gloire. » Tels furent les nobles sentiments, les grandes pensées

qui, dans ces tristes circonstances, inspirè-
rent la conduite du comte de Las-Cases et le
rendirent sourd à toutes les supplications.

Le 3 août au matin, le duc de Rovigo lui
apprit « que sa demande était agréée, qu'il
» était définitivement du voyage de Sainte-
» Hélène. Il ajouta même que l'Empereur lui
» avait dit que s'ils ne devaient être que deux
» à l'accompagner, il comptait qu'il serait du
» nombre, qu'il attendait de lui de l'utilité
» et de la consolation. »

Quelques jours après, le NORTHUMBERLAND
mit à la voile, transportant dans un autre
hémisphère l'Empereur Napoléon, accom-
pagné du général Gourgaud, du comte de
Montholon, du grand maréchal Bertrand et
du comte de Las-Cases.

Pendant le cours de la longue traversée
d'Angleterre à Sainte-Hélène, l'Empereur
charmé par l'instruction variée et étendue
de M. de Las-Cases, par l'agrément de sa
parole, la douceur de son caractère, sa pro-
fonde connaissance de l'anglais, s'entretenait
de préférence avec lui. Le comte ayant été
marin, lui donnait toutes les explications

qu'il désirait sur la marine, sur la marche
des vaisseaux, sur l'état des vents et de la mer.
Il lui servait d'interprète dans toutes ses con-
versations avec les officiers de l'équipage
qu'il invitait tour-à-tour à sa table et auxquels
il se plaisait à adresser des questions relatives
à leur état. C'est encore à sa plume que Napoléon avait recours pour écrire ses mémoires et particulièrement les campagnes d'Italie que, dans le but de tromper le temps, il
s'était décidé à dicter sur les pressantes
sollicitations de ses compagnons d'infortune.
Aussi, dans ses fréquents tête-à-tête avec
M. de Las-Cases, l'Empereur lui disait-il
souvent : « Vous serez le Sully de Sainte-
» Hélène............ On ne pourra jamais s'ar-
» rêter sur nos grands événements, écrire
» sur ma personne, sans avoir recours à vos
» Mémoires. »

Après plus de soixante-six jours de navi-
gation, on arriva enfin à Sainte-Hélène.
Nous ne raconterons pas, dans cette courte
et rapide biographie, la vie si bien remplie
de M. Las-Cases, pendant les quatorze mois
qu'il passa auprès de l'Empereur. On doit

lire les détails de cette vie de dévouement dans le Mémorial. Il nous suffira de dire que les charmes de son esprit, les qualités de son cœur, qui l'avaient déjà rendu cher à l'Empereur, lui méritèrent d'être le plus admis dans son intimité : c'est lui que Napoléon choisit pour partager exclusivement durant deux mois sa solitude à Briars ; c'est lui, qu'à Longwold, il veut voir le plus près de sa personne ; il exige qu'il occupe un lit dans son voisinage ; sentant l'inconvénient de ne pas savoir l'anglais, et ayant résolu de l'apprendre, c'est lui qu'il adopte pour maître ; c'est lui qui continue d'écrire et qui termine sous sa dictée les campagnes d'Italie ; c'est lui qui chaque jour recueille et consigne sur un journal, avec une fidélité scrupuleuse et un zèle infatigable, ses appréciations, ses jugements sur les hommes et les événements de la Révolution, du Consulat et de l'Empire. Pendant plus d'une année, il est le secrétaire, le confident intime de l'Empereur, il reçoit tous ses épanchements, il est témoin de toutes ses souffrances.

Il est vrai de dire que jamais mortel ne

répondit à tant de confiance et d'affection , par plus d'amour, de constance, de dévouement, de préoccupations incessantes, par un emploi plus absolu de toutes ses facultés, par une plus entière consécration de son existence! Auprès de Napoléon, comme plus tard éloigné de lui, qu'on le suive dans tous ses actes, dans tous ses mouvements, il ne vit qu'en lui et pour lui : grande et noble conduite, magnifique exemple de fidélité au malheur, dont notre histoire s'enorgueillit et que ne se lasseront pas d'admirer les générations de tous les âges!

Révolté cependant par les indignes procédés du gouverneur, sir Hudson Lowe, vis-à-vis de Napoléon, le comte de Las-Cases imagina un jour de se servir d'un domestique qui retournait en Europe pour lui confier un long récit des souffrances de Sainte-Hélène , écrit sur une pièce de soie, afin qu'il fût plus facile à cacher. Soit par l'infidélité du domestique, soit par la rigueur des investigations exercées sur sa personne, le dépôt fut découvert. Pour ce fait, de Las-Cases fut condamné à quitter l'île. Des gens armés violèrent le domicile de l'Empereur, s'emparèrent du comte, confisquèrent ses papiers et le mirent au secret, lui et son fils, jusqu'au jour de leur embarquement pour le Cap.

Napoléon écrivit, à cette occasion, à M. de Las-Cases une touchante lettre qui montre combien sa société lui était douce et précieuse et combien cette séparation violente était douloureuse pour lui :

Mon Cher Las-Cases,

« Mon cœur ressent vivement ce que vous
» endurez ; depuis quinze jours qu'on vous
» a arraché d'auprès de moi, on vous a mis
» au secret, sans vous permettre de recevoir
» ni de donner de vos nouvelles, sans vous
» laisser communiquer avec qui que ce soit,
» Anglais ou Français, en vous privant
» même d'un domestique de votre choix.

» Votre conduite à Sainte-Hélène a été,
» ainsi que votre vie, sans reproche ; j'aime
» à vous le répéter. Votre société m'était
» bien nécessaire. Vous seul lisiez, parliez
» et entendiez l'anglais. Combien de nuits
» n'avez-vous point passées près de moi pen-
» dant les accès de ma maladie !

» A votre retour en Europe, si vous allez
» en Angleterre ou si vous retournez dans
» vos foyers, perdez le souvenir de tous les
» maux qu'on vous a fait endurer, mais glo-
» rifiez-vous de la fidélité que vous m'avez
» montrée et de la grande affection que je
» vous porte. Si vous voyez un jour ma
» femme et mon fils, embrassez-les. Depuis
» deux ans je n'ai point entendu parler d'eux
» directement ni indirectement.

» Il est venu, il y a environ six mois, dans
» cette ville, un botaniste allemand qui les
» avait vus dans les jardins de Schœnbrun,
» quelques mois avant son départ : les bar-
» bares ont mis tous leurs soins à l'empêcher
» de me donner de leurs nouvelles. Mon
» corps est au pouvoir de la haine de mes
» ennemis. Ils n'oublient rien de ce qui peut
» assouvir leur vengeance. L'insalubrité de
» ce climat dévorant, le manque de chaque
» chose nécessaire à la vie, mettront bientôt,
» je le sens, fin à cette existence dont les
» derniers moments seront un opprobre
» pour la nation anglaise : et l'Europe signa-
» lera un jour avec horreur cet homme per-

» fide et cruel que tout véritable anglais
» désavoue pour un enfant d'Albion.

» Comme il n'y a pas de raison de croire
» qu'on vous permette de me voir avant
» votre départ, recevez mes embrassements
» et l'assurance de mon estime et de mon
» amitié. Soyez heureux. »

L'attachement, la fidélité, l'amour profond
dont M. de Las-Cases n'avait cessé de donner
des preuves à l'Empereur le rendaient bien
digne d'une si grande marque d'affection.

Débarqué au Cap, le comte de Las-Cases
y endure huit mois les rigueurs d'une captivité qui compromet gravement sa santé et
celle de son fils. Dans son retour en Europe
le frêle bâtiment qui le porte, assailli par
une tempête effroyable, est pendant dix jours
menacé à chaque instant d'être enseveli dans
les flots. Il est pourtant assez heureux pour
échapper à la mort, et atteindre enfin les
rives anglaises; mais c'est pour se retrouver
proscrit. Les ministres lui interdisent le dé-
barquement, il est forcé de se réfugier sur
le continent, où il se voit encore partout
traqué, conduit sous bonne escorte de ville

en ville. A Francfort seulement il recouvre
un peu de liberté,

Dès-lors, en dépit d'une santé déplorable,
il se consacre sans relâche à une noble mission, celle d'amener les puissances européennes à apporter des soulagements à la
position du prisonnier de Sainte - Hélène.
Toutes ses vues, tous ses soins, toutes ses
démarches sont tournées vers ce but. Il dé-
nonce au monde les affreux traitements
dont Napoléon est l'objet, les indignes persé-
cutions qu'il subit. Il écrit à ce sujet aux
souverains alliés réunis en congrès à Aix-la-
Chapelle, au Prince-Régent d'Angleterre ; il
adresse une pétition au parlement anglais ; il
déploie tant d'activité, tant de persévérance
dans l'accomplissement de la tâche qu'il s'est
donnée, qu'un membre de la Chambre des
communes s"écria un jour : « Est-ce qu'il
» serait le chargé de pouvoirs de Napoléon en
» Europe ? »

La mort seule de l'Empereur arrêta ses
démarches. Il lui est permis alors de rentrer en France où il va, à l'écart, loin du

monde, continuer solitairement son deuil et ses regrets.

En 1822 il fait paraître son MÉMORIAL, à Paris, en pleine effervescence de la restauration. C'était la première voix qui osât s'élever courageusement en faveur de Napoléon, c'était le premier écrit qui venait détruire toutes les calomnies accumulées sur lui par la haine politique et la mauvaise foi. Le MÉMORIAL fit connaître tout ce qu'avait dit et fait l'Empereur, tout ce qu'il avait souffert durant le temps que M. de Las-Cases avait passé près de lui à Sainte-Hélène; il révéla au monde la vérité sur ses qualités privées, sa grandeur d'âme, la noblesse de son caractère, ses magnifiques projets. Aussi son apparition fut-elle un véritable événement en France et en Europe. L'ouvrage fut traduit dans toutes les langues et les éditions en furent innombrables.

Cet acte de courage et de dévouement rendit M. de Las-Cases cher à tous les cœurs généreux, à toutes les âmes honnêtes, et lui valut la plus grande popularité.

La Révolution de 1830 le fit rentrer dans

la vie politique. Alors s'accomplirent les pro-
phétiques paroles de Napoléon, disant un
jour à Sainte-Hélène à ses compagnons :
« Mes chers amis, de retour en Europe, vous
y verrez que d'ici je donne des couronnes. »
Animés, en effet, de la sympathie la plus
vive pour l'ami fidèle, le compagnon intrépide et l'infatigable défenseur du Grand-
Homme, ses concitoyens le choisirent d'abord
pour commandant d'une légion de la garde
nationale et l'envoyèrent ensuite à la Chambre.

Député de 1830 à 1842, M. de Las-Cases
fut siéger sur les bancs de l'extrême gauche,
parmi les défenseurs des libertés publiques
et les chauds partisans du progrès, qui ne
voulaient pas laisser rabaisser la glorieuse
Révolution des Trois-Journées à un simple
changement de dynastie. Il ne cessa de se
montrer ferme dans ses convictions, persé-
vérant et inébranlable dans la voie des idées
libérales. Plusieurs fois la pairie lui fut pro-
posée par les ministres ; jaloux de son indé-
pendance, il refusa jusqu'à la fin de ses jours
toutes les faveurs dont le Pouvoir voulait le

combler. Il mourut député de l'arrondissement de St-Denys, le 14 mai 1842, après
avoir eu la satisfaction de voir rendre à la
France les cendres de l'homme à qui il avait
donné les preuves du plus noble et du plus
généreux attachement.

Il laissait, en mourant, à la postérité, deux
œuvres impérissables : l'ATLAS historique et
le MÉMORIAL, et un nom qui sera toujours
cher à notre pays, parce qu'il est synonyme
de fidélité et de dévouement.

M. de Las-Cases avait épousé, en 1799,
mademoiselle de Kergariou, appartenant à
une des familles les plus anciennes et les
plus considérées de la Bretagne. De cette
union il avait eu trois enfants, qui tous les
trois ont été les dignes continuateurs de ses
vertus. Deux, malheureusement, ne sont
plus. Le troisième, Barthélemy comte de
Las-Cases, après avoir servi avec distinction
dans la marine, est aujourd'hui chambellan
de l'Empereur et député au Corps législatif.
C'est lui qui va honorer notre ville de sa pré-
sence, à l'occasion des fêtes d'inauguration
de la statue qui doit perpétuer à jamais la mé-

moire de son père, le glorieux compagnon d'infortune de Napoléon Ier à Sainte-Hélène.

Tel est, en résumé, la vie du comte Emmanuel de Las-Cases. Nous ne terminerons pas cette courte notice sur une de nos plus pures gloires nationales, sans rendre hommage aux soins et au zéle infatigables du général baron Gorsse. à qui Lavaur doit la fête du 1er octobre, c'est grâce, en effet, à ses recherches que notre arrondissement peut s'enorgueillir d'avoir été le berceau de M. de Las-Cases ; c'est à son initiative que tous les cœurs généreux ont versé leur obole pour la glorification de celui dont les traits, désormais au milieu de nous, rappelleront sans cesse les sentiments d'honneur, de courage et de sublime fidélité.

LAVAUR, VIDAL MARIUS IMP.

www.ingramcontent.com/pod-product-compliance
Lightning Source LLC
Chambersburg PA
CBHW051343050726
47595CB00006B/2380